délices de lait

Laurence et Gilles Laurendon

délices de lait

photographies de Akiko Ida et Pierre Javelle

• MARABOUT •

Les produits de base

Le lait

Cru et fermier, il est de loin le meilleur. Encore faut-il apprécier son goût d'herbes très marqué ! Pasteurisé, il révèle un bon goût. C'est le lait frais le plus courant dans le commerce. Idéal pour la cuisine et la pâtisserie.
Stérilisé UHT à 150 °C, il est d'emploi pratique car facile à stocker.
En poudre, il peut sembler sans intérêt mais il ne prend pas de place dans un placard et il est vraiment facile à utiliser.
Concentré, il se déguste pour le plaisir mais sert aussi pour la cuisine ou la pâtisserie. Sucré ou non. Évidemment, côté diététique, il y a mieux… Entier, demi-écrémé ou écrémé.

Le beurre

On l'aime tout cru, en tartines. Il apporte aussi de l'onctuosité à vos petits plats.
Privilégiez les Appellations d'Origine Contrôlées comme le beurre d'Isigny à la belle couleur bouton d'or ou un beurre des Charentes.
La qualité beurre extra-fin garantit une fabrication sans aucune crème congelée ou surgelée.
Son goût est vraiment extra-fin !
Et pour un vrai grand plaisir, offrez-vous un beurre fermier au lait cru !

La crème

Crue ou pasteurisée, c'est la crème fraîche, la plus fine en goût. De texture épaisse, elle est parfaite pour accompagner des fruits frais, une tarte ou un gâteau.
Plus liquide, on l'appelle crème fleurette et elle se transforme en un clin d'œil en crème fouettée et crème Chantilly.
Stérilisée UHT, elle se conserve très bien durant plusieurs semaines. À mettre en réserve dans les placards. Elle est vraiment pratique à utiliser !

Le fromage blanc

C'est tout simplement un lait caillé que l'on trouve sous forme de faisselle légèrement granuleuse, au petit goût délicatement aigre, ou bien de fromage battu et lissé plus onctueux au palais.

Les petits-suisses

D'origine normande, cette petite spécialité gourmande réunit fromage blanc et crème fraîche. Du crémeux, rien que du crémeux !

Les yaourts

On trouve ce lait fermenté, doux et acidulé au goût, dans bon nombre de cultures du monde : chez les Tibétains, en Inde, en Turquie, chez les Mongols d'Asie Centrale…
Il existe dans le commerce sous forme de yaourts à texture un peu ferme, ou bien brassé et plus onctueux, ou encore liquide.

Le lait ribot

Ce lait fermenté est une très vieille recette des campagnes bretonnes. Servi en boisson avec des galettes de blé noir, c'est un délice bourré de vitamines !

Le mascarpone

Ce fromage frais italien particulièrement crémeux se fabrique avec la crème de lait de vache. Idéal pour les desserts.

Le cream-cheese

Fromage anglo-saxon, lui aussi très crémeux et fabriqué avec une crème. Petite pointe d'acidité dans le goût.

La ricotta

Italienne, elle se prépare avec du petit-lait re-cuit (ri-cotta), recueilli après avoir chauffé le lait dans la fabrication du fromage blanc. Délicieuse sur les plats de pâtes !

Beurre maison

Yaourts maison

Petits fromages frais maison

Mon beurre maison

Pour 180 g de beurre
12 minutes de préparation

1 pot en verre avec couvercle
(pot de crème ou pot à confiture)

40 cl de crème fraîche épaisse

Versez la crème fraîche dans le pot, vissez bien
le couvercle et secouez-le pendant une douzaine
de minutes.
Le beurre doit peu à peu se former. Filtrez dans
une passoire pour retirer l'eau. Replacez le beurre
dans le pot, couvrez-le d'eau fraîche et
recommencez à agiter. Rincez-le encore en
l'agitant 2 ou 3 fois, jusqu'à ce que l'eau
de rinçage soit parfaitement claire. Égouttez
et placez au frais.

Conseil • Utilisez une crème fraîche de qualité
(Isigny). Sortez-la à l'avance du réfrigérateur
afin qu'elle soit à température ambiante.
En revanche, le pot doit être très froid.

Mes yaourts maison

Vous pouvez faire des yaourts maison
sans yaourtière.

Pour 8 yaourts
10 minutes de préparation
5 minutes de cuisson
1 nuit de repos

1 cocotte
1 thermomètre alimentaire (facultatif)
8 petits pots à yaourt en verre

1 litre de lait frais
1 yaourt nature

Versez de l'eau à mi-hauteur dans la cocotte
et portez à ébullition. Videz-la et couvrez-la pour
conserver sa chaleur.
Faites chauffer le lait dans une grande casserole
jusqu'à 52 °C.
Retirez aussitôt du feu et incorporez le yaourt
dans le lait chaud. Mélangez bien, remplissez
les pots, rangez-les dans la cocotte, couvrez et
laissez reposer une nuit.

Mon fromage frais maison

Pour 4 personnes
5 minutes de préparation
5 minutes de cuisson

50 cl de lait frais
Le jus d'1 citron
Sel et poivre du moulin

Faites chauffer le lait dans une casserole à 40 °C.
Versez le jus de citron dans le lait chaud et
remuez.
Des grains de « caillé blanc » vont aussitôt se
former. Filtrez au travers d'une passoire fine et
déposez le lait caillé dans un bol. Mélangez, salez,
poivrez et dégustez le fromage frais sur une
tartine de pain de campagne.

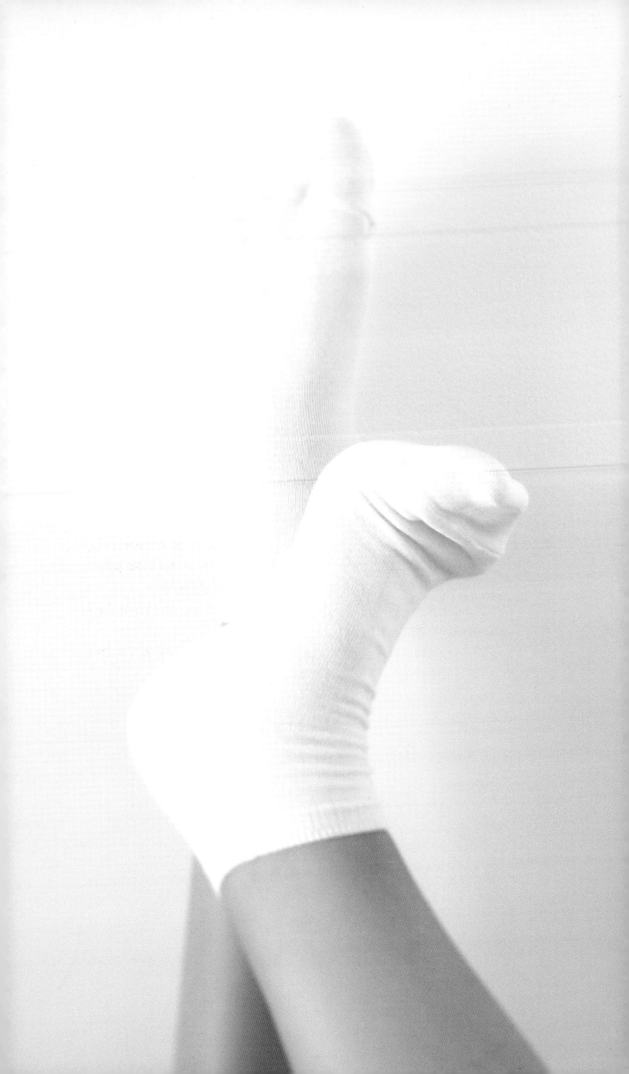

chez maman

Petite maman chérie qui croyait nous surprendre avec ses laits parfumés, couleurs de rêve. Ses milk-shakes délirants, ses quenelles sucrées et ses gratins tout fous ! Allez, mangez, il vous faudra des forces pour l'école !

La soupe de pommes de terre au lait Ribot ? Juste pour lui faire plaisir ! En vérité, on adorait ça !

Puis nous glissions dans nos poches des caramels maison que nous sucions longuement et que nous échangions à pleine bouche, en riant.

Petits pots à la crème

Pour 4 personnes
10 minutes de préparation
20 minutes de cuisson

4 à 6 petits moules ronds à bords hauts
en porcelaine

40 cl de lait
10 cl de crème fraîche liquide
2 cuillers à café de feuilles de verveine séchées
6 jaunes d'œufs
40 g de sucre en poudre

Préchauffez le four à 150 °C (thermostat 5).
Faites chauffer doucement le lait et la crème
dans une casserole. Retirez du feu, déposez les
feuilles de verveine dans la casserole et couvrez.
Laissez infuser 10 minutes.
Ôtez les feuilles de verveine de la casserole.
Versez les jaunes d'œufs et le sucre en poudre
dans un grand bol et fouettez jusqu'à ce que
le mélange blanchisse. Ajoutez le lait et la crème
sans cesser de mélanger.
Remplissez les moules de ce mélange. Déposez-les
dans un plat à bords hauts, un moule à gratin
ou une cocotte en fonte.
Versez de l'eau tiède dans le plat jusqu'à
mi-hauteur des petits pots de crème. Placez au
four pendant environ 20 minutes.
Laissez refroidir avant de savourer.

Caramels au lait
et au beurre salé

Pour une douzaine de caramels
5 minutes de préparation
20 minutes de cuisson

1 bac en métal

Huile de tournesol
20 cl de lait
180 g de sucre en poudre
30 g de beurre salé
2 cuillers à soupe de miel

Huilez soigneusement l'intérieur et les cloisons
du bac à glaçons.
Versez le lait, le sucre en poudre, le beurre
et le miel dans une casserole à fond épais.
Portez à frémissement et laissez cuire à feu doux
tout en remuant régulièrement avec une cuiller
pendant environ 20 minutes.
Le mélange va peu à peu épaissir et prendre
une belle couleur caramel.
Versez encore chaud dans le bac et laissez
refroidir à température ambiante. Découpez
les caramels avec un couteau.
Selon le temps de cuisson, vous obtiendrez
soit des caramels extra-mous (les meilleurs,
avec leur incroyable petit goût de miel et de
beurre salé, mais pas toujours très présentables),
des caramels mous ou de vrais durs, à sucer
longuement.

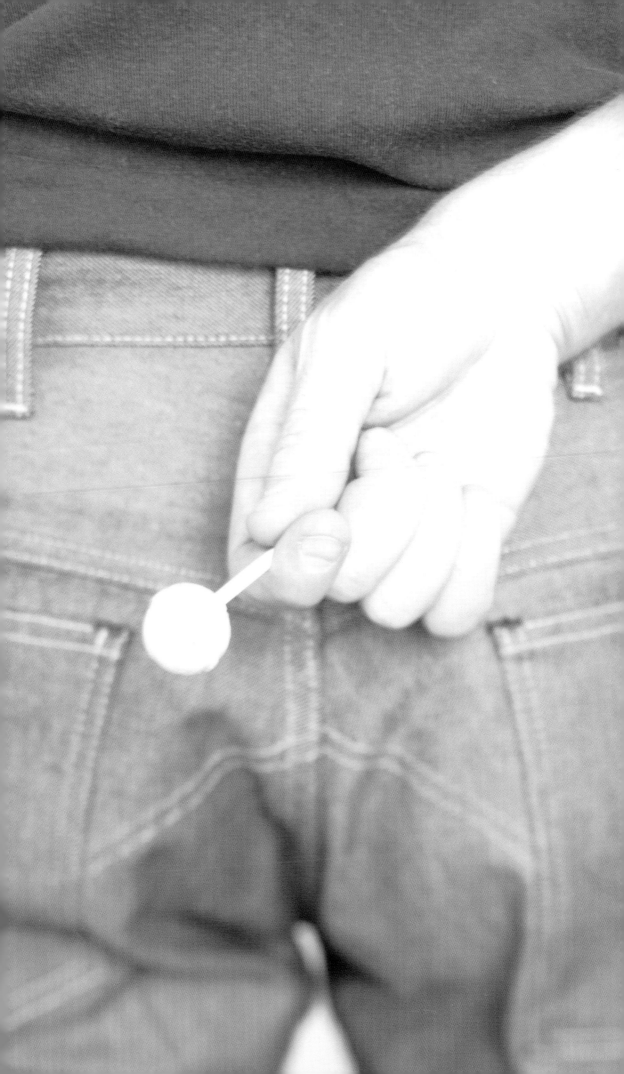

Riz au lait tout simple

Riz au lait tout simple

Pour 4 personnes
5 minutes de préparation
35 minutes de cuisson

1 plat creux ou 1 moule à charlotte

1 gousse de vanille
200 g de riz rond
1 litre de lait
120 g de sucre en poudre

Fendez la gousse de vanille dans la longueur
avec la pointe d'un couteau.
Rincez rapidement le riz puis égouttez-le.
Versez le lait et la gousse de vanille dans une
grande casserole à fond épais. Portez à ébullition
puis versez le riz en pluie. Couvrez la casserole et
laissez cuire à feu très doux pendant 30 minutes
environ.
Incorporez le sucre en poudre, mélangez
rapidement, couvrez et laissez cuire encore
5 minutes à feu doux.
Versez le riz au lait dans un plat creux, ôtez la
gousse de vanille et laissez refroidir, à moins que
vous ne préfériez le déguster tiède.

Confiture de lait

Livrez-vous à une petite expérience : sans rien
dire, posez le pot de confiture de lait sur la
table, laissez traîner une cuiller à proximité et
observez le résultat. Tout le monde craque,
c'est garanti !

Pour 4 personnes
3 minutes de préparation
4 heures de cuisson

1 gros pot de lait concentré sucré

Versez le lait concentré dans un pot à confiture.
Déposez le pot dans une cocotte et versez
de l'eau à hauteur de l'ouverture en veillant
à ne pas en mouiller le contenu. Laissez cuire
à petits bouillons pendant 4 heures environ.
Ajoutez un peu d'eau régulièrement pour
conserver la même hauteur d'eau dans la cocotte.
Le lait va peu à peu prendre une couleur caramel.
Laissez tiédir. Couvrez de film alimentaire et
placez au frais.

Gâteau de riz

Pour 4 personnes
10 minutes de préparation
50 minutes de cuisson

1 moule à flan anti-adhésif

1 gousse de vanille
170 g de riz rond
1 litre de lait
120 g de sucre en poudre
2 œufs

Pour le caramel :
100 g de sucre en poudre
3 cuillers à soupe d'eau
2 gouttes de vinaigre

Fendez la gousse de vanille dans la longueur.
Rincez rapidement le riz et égouttez-le.
Versez le lait et la gousse de vanille dans une
grande casserole à fond épais. Portez à ébullition
puis versez le riz en pluie. Couvrez la casserole et
laissez cuire à feu très doux pendant 25 minutes
environ.
Préchauffez le four à 180 °C (thermostat 6).
Pour préparer le caramel, versez le sucre en
poudre et les 3 cuillers à soupe d'eau dans
une casserole à fond épais puis faites chauffer
jusqu'à ce que le mélange prenne une belle
coloration blonde. Ajoutez le vinaigre. Ôtez
du feu et versez 1 cuiller à café d'eau chaude.
Versez le caramel dans le moule en le faisant
tourner pour qu'il recouvre bien le fond et
les parois.
Vérifiez la cuisson du riz et incorporez
120 grammes de sucre en poudre. Mélangez
rapidement, couvrez et laissez cuire encore
5 minutes à feu doux. Ôtez du feu et enlevez
la gousse de vanille. Fouettez rapidement les œufs
dans un bol et incorporez-les au riz au lait.
Versez la préparation dans le moule caramélisé
et placez au four pendant environ 20 minutes.
Attendez quelques minutes avant de démouler.

Confiture de lait

Crème mousseuse au fromage blanc

Crème mousseuse au fromage blanc

Pour 4 personnes
5 minutes de préparation

20 cl de crème fraîche liquide
60 g de sucre glace
200 g de fromage blanc
1 gousse de vanille

Versez la crème fraîche liquide très froide dans un saladier. Fouettez avec votre batteur jusqu'à ce qu'elle devienne mousseuse et augmente de volume. Ajoutez le sucre glace et remuez. Incorporez le fromage blanc avec une spatule. Fendez la gousse de vanille dans la longueur et grattez l'intérieur avec la pointe d'un couteau. Versez les graines dans le fromage blanc. Mélangez rapidement puis versez dans des petits pots. Placez au frais 30 minutes avant de servir.

Crème à la vanille

Pour 4 personnes
5 minutes de préparation
5 minutes de cuisson

4 cuillers à soupe de Maïzena
50 cl de lait
2 sachets de sucre vanillé
70 g de sucre en poudre

Versez la Maïzena dans un bol et délayez avec un peu de lait froid.
Versez le lait restant, les sachets de sucre vanillé et le sucre en poudre dans une casserole à fond épais. Mélangez et portez à ébullition.
Incorporez immédiatement la Maïzena délayée dans le lait chaud et portez de nouveau à ébullition tout en remuant.
Ôtez la casserole du feu puis mélangez vivement avec un fouet.
Versez la crème dans un plat creux. Laissez tiédir puis servez dans des petits pots.

Crème à la vanille

Crème anglaise

Un indémodable, un modèle d'onctuosité, une merveille de douceur sucrée, cette crème-là n'a que des qualités… pourvu que vous ayiez bien surveillé sa cuisson. Elle déteste les bouillons et les températures trop élevées.

Pour 4 à 6 personnes
5 minutes de préparation
15 minutes de cuisson

1 gousse de vanille
1 litre de lait frais entier
8 jaunes d'œufs
200 g de sucre en poudre

Fendez la gousse de vanille dans la longueur et déposez-la dans une grande casserole à fond épais. Versez le lait et portez à frémissement. Ôtez aussitôt du feu, couvrez et laissez infuser.
Versez les jaunes d'œufs dans un saladier, incorporez progressivement le sucre en poudre et fouettez jusqu'à ce que le mélange blanchisse légèrement.
Retirez la gousse de vanille, grattez l'intérieur pour récupérer les graines et ajoutez-les au lait.
Versez petit à petit le lait chaud vanillé sur le mélange œufs-sucre tout en remuant avec une cuiller.
Versez le liquide dans la casserole et remettez à feu doux sans cesser de remuer. Dès que la crème épaissit légèrement et nappe votre cuiller, ôtez la casserole du feu.
Versez la crème anglaise dans un saladier, couvrez de film alimentaire, laissez tiédir puis placez 1 heure au réfrigérateur avant de servir.

Crème pâtissière

Pour 4 personnes
5 minutes de préparation
5 minutes de cuisson

1 gousse de vanille
25 cl de lait
2 jaunes d'œufs
40 g de sucre en poudre
2 cuillers à soupe de Maïzena

Fendez la gousse de vanille dans la longueur. Placez-la dans une casserole et faites-la chauffer doucement avec le lait.
Versez les jaunes d'œufs et le sucre en poudre dans un saladier puis fouettez rapidement. Incorporez la Maïzena sans cesser de mélanger. Ôtez la gousse de vanille, grattez les graines qui se trouvent à l'intérieur avec la pointe d'un couteau et déposez-les dans le lait.
Versez peu à peu le lait vanillé sur le mélange œufs-sucre-fécule tout en mélangeant.
Versez le tout dans la casserole puis portez à ébullition sans cesser de tourner. Baissez le feu et faites cuire encore 2 minutes à feu doux sans interrompre le mouvement. La crème va peu à peu épaissir.
Versez-la dans un saladier, couvrez de film alimentaire et laissez tiédir à température ambiante. Placez 30 minutes au réfrigérateur avant de servir.

Crème Chantilly

Pour 4 personnes
5 minutes de préparation

1 saladier

30 cl de crème fraîche liquide
30 g de sucre glace

Placez le saladier au congélateur pendant
5 minutes.
Versez la crème fraîche liquide bien froide dans
le saladier glacé. Fouettez la crème avec
un glaçon jusqu'à ce qu'elle devienne mousseuse
et tienne au fouet. Retirez le glaçon.
Versez le sucre glace en pluie tout en mélangeant
avec une spatule.

Gâteau au yaourt

10 minutes de préparation
30 minutes de cuisson

1 moule rond à bords hauts d'environ 26 cm
de diamètre

100 g de beurre mou découpé en dés
+ 10 g pour beurrer le moule
300 g de farine
1 orange non traitée
1/2 sachet de levure chimique
150 g de sucre cassonade
2 œufs
120 g de yaourt grec crémeux
1 cuiller à café de vanille liquide

Préchauffez le four à 180 °C (thermostat 6).
Beurrez et farinez légèrement le moule.
Lavez et essuyez l'orange puis râpez finement
le zeste.
Versez la farine et la levure dans un bol puis
mélangez. Ajoutez le zeste d'orange.
Versez le sucre et les dés de beurre dans un grand
bol puis mélangez soigneusement. Incorporez
les œufs, le yaourt et la vanille liquide.
Versez la farine mélangée en pluie dans le grand
bol sans cesser de mélanger.
Garnissez le moule de cette pâte en lissant
la surface avec une spatule. Placez au four
pendant environ 30 minutes. Surveillez bien
la cuisson : si le dessus du gâteau noircit,
couvrez-le d'une feuille de papier sulfurisé.
Une fois le gâteau sorti du four, attendez
5 minutes avant de le démouler. Laissez refroidir
puis servez avec un yaourt crémeux très frais.

Lait à la vanille

Pour 1 personne
2 minutes de préparation

12 cl de lait froid
1/2 cuiller à café de vanille liquide

Versez le lait froid et la vanille liquide dans
un grand verre. Remuez et dégustez.

Bien entendu, vous pouvez aussi réaliser cette
recette dans les règles de l'art. Incisez une demi-
gousse de vanille dans la longueur et grattez
les graines à l'aide d'un petit couteau. Déposez
les graines de vanille et la demi-gousse dans une
casserole. Versez le lait et portez au frémissement.
Ôtez la casserole du feu, couvrez et laissez infuser
une dizaine de minutes. Retirez la gousse de
vanille et placez le lait vanillé au réfrigérateur.
À consommer très frais.

Lait au miel

Pour 1 personne
2 minutes de préparation

1/2 cuiller à soupe de miel liquide
12 cl de lait froid

Versez le miel au fond d'un grand verre puis
ajoutez le lait froid.
Vous pouvez mélanger le miel et le lait ou les
séparer en deux couches. Dans ce dernier cas,
le fond du verre est un pur régal.

Lait au coulis de fraises

Pour 4 personnes
2 minutes de préparation

100 g de fraises bien mûres
2 sachets de sucre vanillé
50 cl de lait froid

Lavez et équeutez les fraises.
Déposez-les dans le bol de votre mixeur, ajoutez
le sucre vanillé et mixez finement.
Versez un peu de coulis de fraises dans quatre
grands verres. Ajoutez doucement le lait froid
et servez aussitôt.

Conseil • Choisissez des verres transparents
et versez lentement le lait contre la paroi pour
bien séparer les deux couleurs.

Milk-shake banane

Milk-shake papaye

Milk-shake banane

Pour 2 personnes
5 minutes de préparation

2 bananes bien mûres
40 cl de lait concentré non sucré
2 sachets de sucre vanillé

Épluchez les bananes et découpez-les
en rondelles.
Versez le lait, les rondelles de bananes et les
2 sachets de sucre vanillé dans le bol de votre
mixeur. Mixez jusqu'à ce que le mélange devienne
fluide et crémeux.
Versez dans de grands verres.

Milk-shake papaye

Pour 2 personnes
5 minutes de préparation

1 papaye bien mûre
40 cl de lait froid

Pelez la papaye, tranchez-la en deux, ôtez
les graines puis découpez-la en gros cubes.
Déposez-la dans le bol de votre mixeur, ajoutez
le lait et mixez finement.
Buvez très frais.

Milk-shake aux deux laits

Pour 1 personne
5 minutes de préparation

5 cl de lait concentré
5 cl de lait frais
5 cl d'eau
1 cuiller à café de sucre cassonade
1 goutte d'eau de fleur d'oranger

Versez le lait concentré, le lait frais, l'eau
et la cassonade dans un grand verre.
Ajoutez l'eau de fleur d'oranger.
Fouettez rapidement pour faire mousser
puis servez frais.

Milk-shake au lait
en poudre

Pour 1 personne
5 minutes de préparation

3 cuillers à soupe de lait en poudre
15 cl d'eau minérale froide
1 trait de sirop de grenadine

Versez le lait en poudre dans un grand verre.
Ajoutez l'eau froide et la grenadine puis mélangez
rapidement avec le mixeur. Servez frais.

Milk-shake aux deux laits

Les pommes de terre farcies au fromage frais

Pour 4 personnes
5 minutes de préparation
30 minutes de cuisson

8 grosses pommes de terre bintje
1 feuille de laurier
Sel et poivre du moulin
1 fromage frais aux herbes ou à l'ail

Rincez rapidement les pommes de terre et déposez-les dans une cocotte remplie d'eau froide. Ajoutez une feuille de laurier et poivrez généreusement.
Portez à ébullition puis laissez cuire à petits bouillons pendant environ 30 minutes.
Égouttez les pommes de terre. Dans chacune d'elles, découpez un chapeau et creusez un cratère avec une petite cuiller. Remplissez-les d'un peu de fromage frais et servez aussitôt.

Quenelles sucrées maison

Pour 4 personnes
25 minutes de préparation
8 minutes de cuisson

25 cl de lait
100 g de beurre découpé en dés
Sel et poivre du moulin
1 pincée de noix de muscade râpée
175 g de farine
2 gros œufs

Pour la sauce :
25 cl de lait
25 cl de crème fraîche liquide
1 cuiller à café de miel
4 filaments de safran

Versez 25 centilitres de lait et les dés de beurre dans une casserole à fond épais. Salez, poivrez et assaisonnez d'un peu de noix de muscade râpée. Faites chauffer doucement jusqu'à ce que le beurre fonde puis versez la farine en une seule fois.
Mélangez à la cuiller pendant 5 minutes à feu doux pour dessécher la pâte. Ôtez la casserole du feu et laissez refroidir. Donnez un ou deux tours de cuiller. Incorporez les œufs un à un puis mélangez.
Prélevez un peu de pâte avec une cuiller et formez une quenelle en la roulant avec la main sur un plan de travail légèrement fariné.
Portez à ébullition une grande casserole d'eau, salez, puis déposez délicatement les quenelles. Lorsqu'elles remontent à la surface (au bout de 3 minutes environ), ôtez-les de la casserole.
Faites tiédir 25 centilitres de lait, la crème fraîche et le miel. Ajoutez les filaments de safran. Couvrez et laissez infuser quelques minutes.
Filtrez la sauce et servez chaud sur les quenelles.

Lait de réglisse

Lait chaud au caramel

Lait de réglisse

Pour 2 personnes
2 minutes de préparation
5 minutes de cuisson

1 bâton de réglisse d'environ 7 cm
25 cl de lait

Déposez le bâton de réglisse dans une casserole à fond épais et versez le lait. Portez à frémissement et faites chauffer doucement à découvert pendant environ 5 minutes.
Laissez infuser quelques secondes, filtrez puis servez chaud.
La quantité de réglisse peut être diminuée de moitié. Vous obtiendrez alors un lait au parfum moins soutenu.

Conseil • Utilisez un bâton de réglisse que vous trouverez chez votre confiseur et non une racine de réglisse. La cuisson sera beaucoup plus rapide.

Lait chaud au caramel

Pour 2 personnes
5 minutes de préparation
5 minutes de cuisson

25 cl de lait
4 morceaux de cassonade
2 cuillers à soupe d'eau

Versez le lait dans une casserole et chauffez-le doucement jusqu'à frémissement.
Ôtez la casserole du feu et couvrez.
Déposez les morceaux de cassonade dans une petite casserole à fond épais, ajoutez les 2 cuillers à soupe d'eau et faites chauffer jusqu'à ce que le caramel prenne une belle couleur dorée. Versez dans deux grands verres, ajoutez le lait et servez.

Lait chaud à la vanille

Pour 2 personnes
5 minutes de préparation
5 minutes de cuisson

1/2 gousse de vanille
30 cl de lait

Fendez la demi-gousse de vanille dans la longueur et grattez les graines qui se trouvent à l'intérieur avec la pointe d'un petit couteau.
Déposez la gousse et les graines de vanille dans une casserole à fond épais. Versez le lait et faites chauffer doucement jusqu'au frémissement.
Retirez du feu, couvrez et laissez infuser 10 minutes. Ôtez la gousse de vanille de la casserole et servez.

Lait chaud à l'amande

Pour 2 personnes
5 minutes de préparation
5 minutes de cuisson

25 cl de lait
2 cuillers à soupe d'amande en poudre
1 cuiller à café de vanille liquide

Versez le lait, les amandes en poudre et la vanille liquide dans une petite casserole à fond épais. Faites chauffer doucement, laissez frémir quelques minutes puis ôtez du feu. Laissez tiédir, versez dans deux verres et dégustez aussitôt.

Lait chaud à la vanille

Lait chaud à la guimauve

Pour 2 personnes
5 minutes de préparation
5 minutes de cuisson

1 morceau de guimauve d'environ 5 cm de long
25 cl de lait

À l'aide d'une paire de ciseaux, découpez le morceau de guimauve en petits morceaux.
Faites chauffer doucement le lait dans une petite casserole à fond épais.
Répartissez la guimauve dans deux grands verres.
Versez le lait chaud, mélangez puis dégustez.

Conseil • La guimauve va apparaître à la surface sous forme de petits morceaux. Une partie fond, l'autre reste en suspension. N'hésitez pas à jouer avec les couleurs : rose, jaune, vert…

à la ferme

On est de son enfance comme on est d'un pays ! Mon enfance à moi, c'était les vacances à la ferme. Douces soirées d'été, le tilleul embaume ; dans l'étable, c'est l'heure de la traite : vol des hirondelles, bruit métallique des lourds bidons que l'on transporte dans le cellier.

Mes premiers émois ? Des tartines géantes de pain beurré et de confiture et trempées dans un grand bol de café au lait, des gâteaux à la peau de lait ridée comme une vieille pomme.

« Diablotine, va ! disait Marcelline, mais c'est qu'elle finirait par tout manger cette gourmande-là ! » Plaisirs volés en douce dans la cuisine : cœurs de crème, faisselle dégoulinante de petit-lait. Du bout du doigt…

Oh ! Mes fugues gourmandes dans le jardin, dans la forêt, le long de la rivière ! Des framboises blanches tout humides de rosée, des noisettes plein les poches.

Au retour, nous mangions comme des ogres, admis pour une fois à la table des grands : blanquette de veau, poulet à la crème…

Vous en reprendrez bien un peu les enfants ?

Chocolat au lait épicé

mes premiers émois

Chocolat chaud au lait épicé

Pour 4 personnes
5 minutes de préparation
8 minutes de cuisson

120 g de chocolat noir 70 % de cacao
10 cl d'eau
2 pincées de cannelle en poudre
50 cl de lait
2 sachets de sucre vanillé

Découpez le chocolat noir en morceaux.
Versez l'eau et la cannelle en poudre dans une casserole. Portez au frémissement puis ajoutez le lait et laissez chauffer doucement. Versez les 2 sachets de sucre vanillé, mélangez rapidement et retirez du feu.
Déposez les morceaux de chocolat dans le lait chaud et fouettez quelques instants jusqu'à ce que le chocolat fonde et devienne légèrement mousseux. Servez aussitôt.

Café au lait

Pour 2 grands bols
5 minutes de préparation
3 minutes de cuisson

4 morceaux de sucre
20 cl de café
20 cl de lait

Déposez deux sucres dans chaque bol.
Préparez votre café puis faites chauffer doucement le lait.
Versez le café chaud dans les bols puis ajoutez le lait chaud. Remuez lentement et savourez.

Conseil • Pour un goût exceptionnel, utilisez du lait cru fermier.

Café au lait

Gâteau à la peau de lait, ou crème de lait

Gâteau à la peau de lait

Pour 4 personnes
15 minutes de préparation
30 minutes de cuisson

1 moule rond à bord très hauts d'environ 18 cm de diamètre, de type moule à charlotte

1,2 kg de pommes
60 g de sucre en poudre
2 sachets de sucre vanillé
30 g de beurre
Farine
10 g de beurre
3 cuillers à soupe de peau de lait
ou de crème fraîche épaisse
3 œufs
3 cuillers à café de fécule de pomme de terre
1 cuiller à soupe de rhum

Épluchez les pommes, coupez-les en quatre puis ôtez les cœurs et les pépins. Découpez-les en gros dés et déposez-les dans une grande casserole. Ajoutez 1 cuiller à soupe d'eau, le sucre en poudre et le sucre vanillé. Mélangez et laissez compoter 25 minutes environ.
Écrasez les pommes à la fourchette et égouttez le jus.
Beurrez et farinez légèrement le moule.
Préchauffez le four à 180 °C (thermostat 6).
Faites fondre doucement le beurre dans une petite casserole.
Fouettez la peau de lait et les œufs dans un grand bol. Ajoutez le beurre fondu puis incorporez ce mélange à la compote de pommes.
Délayez la fécule dans 2 cuillers à soupe d'eau et ajoutez à la préparation en mélangeant soigneusement.
Versez dans le moule et placez au four pendant environ 30 minutes. Mélangez le rhum et 1 cuiller à soupe d'eau puis aspergez le gâteau avant de servir tiède.

Note • La peau de lait était très souvent utilisée autrefois dans les préparations culinaires à la campagne, c'était là une manière savoureuse de récupérer la peau du lait qui s'était formée après avoir fait bouillir le lait fraîchement tiré.

Crème de lait

5 minutes de préparation
5 minutes de cuisson
1 nuit de refroidissement

1 litre de lait entier

Versez le lait dans une grande casserole et portez à ébullition.
Retirez aussitôt du feu et laissez refroidir.
Placez la casserole au réfrigérateur pendant la nuit.
Recueillez la peau qui s'est formée à la surface du lait avec une écumoire.

Conseil • Pour obtenir une peau plus épaisse, utilisez du lait cru fraîchement tiré.

Tarte aux pommes
à la confiture de lait

15 minutes de préparation
1 heure de repos
30 minutes de cuisson

1 moule à tarte d'environ 26 cm de diamètre

Pour la pâte brisée :
250 g de farine
125 g de beurre mou découpé en dés
1 jaune d'œuf
1 pincée de sel
5 cl d'eau

Pour la garniture :
4 pommes reinette
1 pincée de cannelle en poudre
Le jus d'1/2 citron
250 g de confiture de lait

Versez la farine dans un saladier et creusez-y
un puits. Déposez les dés de beurre et mélangez
du bout des doigts. Creusez un nouveau puits
et versez le jaune d'œuf, le sel et l'eau. Mélangez
rapidement.
Roulez la pâte en boule puis enveloppez-la dans
un film alimentaire. Déposez-la au frais
pendant 1 heure.
Épluchez les pommes, coupez-les en quatre, ôtez
le cœur et les pépins puis découpez-les en
lamelles. Saupoudrez de cannelle en poudre.
Versez le jus de citron et mélangez.
Préchauffez votre four à 180 °C (thermostat 6).
Beurrez et farinez légèrement votre moule à tarte
puis étalez la pâte dans le moule. Piquez
légèrement le fond de tarte avec une fourchette.
Garnissez-le de confiture de lait et déposez les
lamelles de pommes.
Couvrez d'une feuille d'aluminium et placez
au four pendant 20 minutes.
Ôtez le papier d'aluminium et poursuivez la
cuisson 10 minutes de plus.
Laissez refroidir.

Conseil • Si vous êtes pressé, vous n'êtes pas
obligé de laisser reposer la pâte au frais pendant
1 heure. Vous pouvez très bien l'étaler tout de
suite.

Cœurs à la crème

Faisselle à la crème fraîche

mes diablotines

Cœurs à la crème

Pour 4 personnes
10 minutes de préparation
1 nuit de repos

4 petits moules à fromage blanc en forme de cœur
1 mousseline

500 g de crème fraîche épaisse
à 45 % de matière grasse
4 blancs d'œufs extra-frais
1 petite pincée de sel
30 g de sucre glace

Pour la garniture :
10 cl de crème fraîche liquide
4 c. à café de cassonade
quelques fruits rouges

Versez la crème fraîche très froide dans un grand
bol et fouettez-la.
Versez les blancs d'œufs dans un grand bol,
ajoutez une petite pincée de sel et montez-les en
neige avec le fouet de votre batteur électrique.
Ajoutez le sucre glace en pluie et fouettez encore
quelques instants.
Incorporez les blancs en neige à la crème fouettée
en plusieurs fois en vous aidant d'une spatule.
Garnissez chaque moule d'un petit carré de
mousseline puis remplissez de mélange crémeux.
Placez au frais pendant la nuit.
Le lendemain, servez les cœurs nappés d'un peu
de crème fraîche liquide. Saupoudrez
de cassonade et ajoutez quelques fruits rouges
(framboises, cassis, groseilles ou mûres).

Conseil • La mousseline est recommandée mais
pas indispensable pour réussir cette recette.

Faisselle à la crème fraîche

Pour 4 personnes
5 minutes de préparation

400 g de faisselle égouttée
30 cl de crème fraîche liquide
Cassonade en poudre

Répartissez la faisselle égouttée dans 4 bols.
Versez la crème liquide dans un petit pot.
Présentez les faisselles accompagnées du petit pot
de crème liquide et de sucre. Chacun se servira
selon son goût.

Œufs au lait

Pour 4 à 6 personnes
10 minutes de préparation
30 minutes de cuisson

1 moule à charlotte

20 g de beurre
50 cl de lait
1 sachet de sucre vanillé
2 œufs
100 g de sucre en poudre

Préchauffez le four à 180 °C (thermostat 6).
Beurrez le moule.
Versez le lait et le sucre vanillé dans une casserole
à fond épais et portez à ébullition. Ôtez la
casserole du feu et couvrez.
Cassez les œufs dans un saladier, versez le sucre
en poudre et fouettez rapidement. Versez
lentement le lait vanillé bouillant tout en
mélangeant. Fouettez rapidement. Versez
la préparation dans le moule. Déposez ce dernier
dans un plat à gratin rempli aux 2/3 d'eau
frémissante et placez à four chaud pendant
environ 30 minutes. La surface des œufs au lait
va légèrement dorer. S'ils brunissent trop, réduisez
un peu la température de votre four.
Laissez tiédir et servez.

Œufs au lait

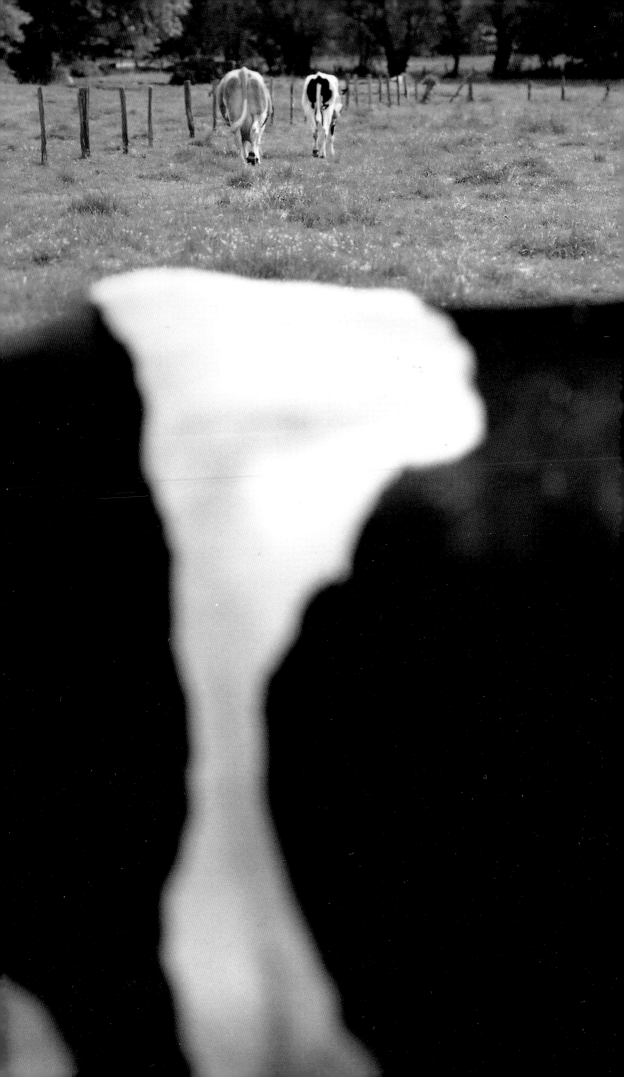

Petits pots de yaourt au chocolat

Petits-suisses fouettés en pot

Petits pots de yaourt au chocolat

Pour 4 personnes
5 minutes de préparation
5 minutes de cuisson

100 g de chocolat noir
5 cl de lait
5 cl de crème fraîche liquide
4 yaourts nature

Brisez le chocolat en petits morceaux. Vous pouvez également le râper avec une râpe à gros trous. Déposez-le dans un grand bol.
Versez le lait et la crème dans une petite casserole et faites chauffer doucement. Couvrez le chocolat de ce mélange. Laissez reposer 1 à 2 minutes puis remuez énergiquement. Le chocolat va fondre et se mêler à la crème et au lait.
Servez les yaourts nappés de crème au chocolat.

Petits-suisses fouettés en pot

Pour 4 personnes
5 minutes de préparation

4 petits pots individuels

6 petits-suisses
2 cuillers à soupe de lait
4 cuillers à café de sucre en poudre
1 sachet de sucre vanillé
1 cuiller à soupe de rhum

Versez les petits-suisses, le lait, le sucre en poudre, le sucre vanillé et le rhum dans un grand bol.
Fouettez jusqu'à ce que le mélange devienne mousseux puis remplissez les petits pots.
Servez frais.

Fontainebleaux aux fraises des bois

Les groseilles du jardin à la chantilly

Fontainebleaux aux fraises des bois

Pour 4 personnes
10 minutes de préparation
1 nuit de repos

4 petits pots à faisselle à trous et 1 mousseline

15 cl de crème fraîche liquide très froide
30 g de sucre glace
350 g de fromage blanc lisse
à 40 % de matière grasse
1 poignée de fraises des bois

Versez la crème liquide dans un grand bol, ajoutez
le sucre glace et fouettez. Incorporez peu à peu
le fromage blanc.
Disposez un carré de mousseline dans chaque
moule. Garnissez de mélange crémeux, repliez
la mousseline et placez au frais pendant la nuit.
Servez sur une assiette accompagné de quelques
fraises des bois.

Conseil • Le tissu mousseline est recommandé
mais pas indispensable.

Groseilles du jardin à la chantilly

Pour 2 à 4 personnes
10 minutes de préparation

30 cl de crème fraîche liquide
30 g de sucre glace
300 g de groseilles

Placez un grand bol au congélateur pendant
5 minutes.
Versez la crème fraîche liquide bien froide dans le
bol glacé. Avec votre batteur électrique, fouettez
la crème jusqu'à ce qu'elle devienne mousseuse et
qu'elle prenne du volume.
Versez le sucre glace en pluie tout en mélangeant
avec une spatule. Replacez au frais jusqu'au
moment de servir.
Rincez délicatement les groseilles, laissez-les
s'égoutter quelques minutes puis disposez-les
dans un bol.
Présentez ensemble les bols de chantilly
et de groseilles.

Marcelline, sa faisselle et son coulis de framboises

Pour 4 personnes
5 minutes de préparation

125 g de framboises
60 g de sucre glace
4 petites faisselles de fromage blanc

Rincez rapidement les framboises, égouttez-les.
Versez-les dans un grand bol, ajoutez le sucre
glace et mixez finement. Reversez le coulis dans
un pot à confiture.
Servez les fromages frais accompagnés de coulis
de framboises. Chacun se servira dans le pot.

Marceline, sa faisselle et son coulis de framboises

Crème fouettée
aux mûres sauvages

Pour 4 personnes
10 minutes de préparation

20 cl de crème fraîche liquide très froide
1 cuiller à soupe de cognac
250 g de mûres
2 cuillers à soupe de sucre glace

Versez la crème fraîche liquide et le cognac
dans un saladier. Fouettez le tout jusqu'à ce
que la crème tienne au fouet. Rajoutez le sucre.
Triez puis nettoyez les mûres sauvages.
Déposez-les dans des petits bols individuels.
Couvrez les fruits de crème fouettée.
Servez aussitôt.

Pain perdu
aux framboises blanches

Pour 4 personnes
5 minutes de préparation
8 minutes de cuisson

250 g de framboises blanches
2 œufs
40 g de sucre en poudre
30 cl de lait
2 sachets de sucre vanillé
20 g de beurre
Huile
8 tranches de brioche rassie

Rincez rapidement les framboises et égouttez-les.
Cassez les œufs dans un bol et ajoutez 1 cuiller
à soupe de sucre en poudre. Fouettez rapidement
à la fourchette puis versez dans une assiette
creuse.
Versez le lait dans une seconde assiette creuse.
Mélangez le reste de sucre en poudre
et les 2 sachets de sucre vanillé.
Faites chauffer une noisette de beurre et 1 cuiller
à soupe d'huile dans une poêle.
Passez rapidement les tranches de brioche dans
les œufs battus puis dans le lait. Faites dorer à feu
moyen puis retournez les tranches et laissez cuire
encore 1 à 2 minutes.
Servez les tranches de brioche chaudes
saupoudrées de sucre en poudre vanillé et
accompagnées des framboises blanches.

Poulet à la crème

Pour 4 personnes
10 minutes de préparation
25 minutes de cuisson

Sel et poivre du moulin
1 poulet de 1,2 kg découpé en morceaux
Huile
20 g de beurre
400 g de champignons de Paris
5 cl de calvados
50 cl de crème fraîche épaisse

Salez et poivrez le poulet. Faites chauffer 1 cuiller
à soupe d'huile et une noix de beurre dans une
cocotte et mettez les morceaux de poulet à dorer
sur toute leur surface, en les retournant de temps
en temps. Ajoutez 2 cuillers à soupe d'eau
et couvrez. Laissez cuire à feu moyen pendant
environ 15 minutes.
Nettoyez les champignons, lavez-les rapidement,
essuyez-les et découpez-les en lamelles.
Faites chauffer 1 cuiller à soupe d'huile dans
une poêle anti-adhésive et faites-les revenir
pendant quelques minutes.
Quand le poulet est cuit, ôtez-le de la cocotte.
Chauffez le calvados dans une petite casserole,
versez-le sur les morceaux de poulet et flambez
rapidement.
Versez la crème fraîche dans la cocotte, donnez
un tour de cuiller et faites chauffer doucement.
Replacez le poulet, ajoutez les champignons,
poivrez et mélangez.
Servez aussitôt dans la cocotte.

Blanquette de veau

Pour 4 personnes
15 minutes de préparation
1 heure de cuisson

20 cl de vin blanc sec
2 oignons épluchés dont 1 piqué de 2 clous
de girofle
1 bouquet garni
1 gousse d'ail épluchée
Sel et poivre du moulin
1 kg de veau (poitrine, tendron, épaule)
découpé en gros dés
2 carottes coupées en rondelles
30 g de beurre + 20 g
40 g de farine
120 g de champignons de Paris
1 jaune d'œuf très frais
Le jus d'1 citron
3 cuillers à soupe de crème fraîche épaisse

Versez le vin blanc et environ 1 litre 1/2 d'eau
froide dans une cocotte. Ajoutez les 2 oignons,
le bouquet garni et la gousse d'ail épluchée. Salez
et poivrez. Portez à ébullition. Ajoutez les dés de
veau et les rondelles de carotte. Le liquide doit
recouvrir la viande. Baissez le feu, couvrez et
faites mijoter pendant environ 20 minutes. Ôtez
l'écume avec une passoire. Égouttez les morceaux
de veau.
Faites fondre 30 g de beurre dans une sauteuse,
déposez les morceaux de veau, saupoudrez-les de
farine et laissez blondir. Versez lentement 30 cl du
bouillon de cuisson tout en délayant avec une
cuiller. Laissez mijoter à couvert pendant environ
20 minutes.
Épluchez rapidement les champignons et tranchez
les plus gros en deux ou en quatre.
Faites fondre 20 g de beurre dans une poêle et
faites revenir les champignons quelques minutes.
Placez-les dans la cocotte et laissez mijoter encore
10 minutes.
Égouttez les légumes et la viande puis réservez-les
au chaud.
Faites réduire le bouillon de cuisson 2 ou 3 minutes
puis retirez la cocotte du feu.
Dans un bol, délayez le jaune d'œuf dans le jus
de citron et les 3 cuillers à soupe de crème fraîche
puis versez dans la cocotte. Salez et poivrez.
Servez la viande de veau et les légumes avec
la sauce et du riz nature.

Rôti de veau au lait

Pour 4 à 6 personnes
10 minutes de préparation
1 heure de cuisson

1 rôti de veau d'environ 1,2 kg
1 litre de lait
Sel et poivre du moulin
2 feuilles de sauge
2 brins de thym

Préchauffez le four à 180 °C (thermostat 6).
Placez le rôti de veau dans une cocotte, versez le
lait, salez et poivrez. Déposez les feuilles de sauge
et les brins de thym.
Mettez la cocotte au four sans la couvrir. Laissez
cuire 50 minutes environ en surveillant la cuisson.
Retournez le rôti de veau et donnez un tour de
cuiller pour remuer la pellicule de lait à la surface.
Sortez le rôti de veau de la cocotte, essuyez-le et
placez-le 8 minutes sous le gril pour caraméliser
l'extérieur.
Filtrez le lait de cuisson et servez-le avec le rôti.

Gratin savoyard

Gratin savoyard

Pour 4 à 6 personnes
15 minutes de préparation
40 minutes de cuisson

1 plat à gratin

1 gousse d'ail épluchée
20 g de beurre
800 g de pommes de terre
2 oignons
Sel et poivre du moulin
Noix de muscade
50 cl de lait
125 g de comté ou de gruyère râpé

Préchauffez le four à 180°C (thermostat 6).
Frottez l'intérieur du plat à gratin avec la gousse
d'ail puis beurrez-le.
Épluchez les pommes de terre, rincez-les
et séchez-les soigneusement. Découpez-les
en tranches. Épluchez les oignons et
découpez-les en fines rondelles.
Déposez les pommes de terre dans un saladier,
salez légèrement, poivrez généreusement,
saupoudrez d'un peu de noix de muscade râpée
et mélangez.
Faites tiédir le lait.
Saupoudrez les pommes de terre de comté râpé,
ajoutez les oignons puis versez le lait. Mélangez.
Versez dans le plat à gratin. Parsemez d'un peu
de fromage râpé et de deux ou trois noix
de beurre. Placez au four pendant 40 minutes
environ.

Gratin dauphinois

Pour 4 à 6 personnes
15 minutes de préparation
35 minutes de cuisson

1 plat à gratin

1 gousse d'ail
20 g de beurre
800 g de pommes de terre
Sel et poivre du moulin
40 cl de lait
20 cl de crème fraîche

Préchauffez le four à 180°C (thermostat 6).
Épluchez la gousse d'ail, coupez-la en deux et
retirez le germe. Frottez l'intérieur du plat à gratin
puis beurrez-le.
Épluchez les pommes de terre, rincez-les, séchez-
les soigneusement puis découpez-les en très fines
rondelles. Déposez-les dans un saladier, salez
légèrement, poivrez généreusement et mélangez.
Faites tiédir le lait.
Placez les rondelles de pommes de terre dans
le plat. Dans un saladier, mélangez la crème
fraîche et le lait tiède. Fouettez légèrement
puis versez sur le gratin.
Mettez au four pendant 35 minutes environ.
À la fin de la cuisson, le gratin doit être doré et
la pointe du couteau doit s'y enfoncer facilement.

La vraie purée de pommes de terre

Pour 4 personnes
15 minutes de préparation
25 minutes de cuisson

1 presse-purée

1 kg de pommes de terre BF 15
Sel et poivre du moulin
20 cl de lait
50 g de beurre découpé en dés

Rincez les pommes de terre et déposez-les dans une grande casserole. Couvrez d'eau froide et salez. Faites cuire environ 20 minutes. Pour vous assurer de la cuisson, piquez une pomme de terre et vérifiez que la lame du couteau y pénètre facilement.
Faites chauffer le lait dans une petite casserole, retirez du feu et couvrez.
Égouttez les pommes de terre et ôtez-en la peau. Écrasez-les avec le presse-purée. Déposez la purée dans une casserole et laissez-la se dessécher à feu très doux pendant 2 à 3 minutes tout en remuant avec une cuiller. Incorporez les dés de beurre sans cesser de mélanger. Versez lentement le lait chaud en continuant de remuer.
Goûtez et ajustez l'assaisonnement si nécessaire.

Conseil • Vous pouvez parfumer votre purée avec du curry, du piment de Jamaïque ou de la noix de muscade.

Soupe de pommes de terre au lait Ribot

Pour 4 personnes
10 minutes de préparation
35 minutes de cuisson

700 g de pommes de terre bintje
1 feuille de laurier
1 brin de thym
Sel et poivre du moulin
60 cl de lait Ribot

Rincez les pommes de terre et déposez-les dans une grande casserole d'eau froide. Ajoutez la feuille de laurier et le thym. Faites cuire environ 30 minutes à petits bouillons. Pour vérifier la cuisson, enfoncez la lame d'un couteau dans une pomme de terre. Si la lame pénètre facilement, arrêtez la cuisson et ôtez du feu. Égouttez les pommes de terre, ôtez leur peau et écrasez-les avec un presse-purée. Ajustez l'assaisonnement puis mélangez. Servez chaud. Selon son goût, chacun ajoutera du lait Ribot servi en pichet.

La vraie purée de pommes de terre

Purée de châtaignes
au lait

Pour 4 personnes
5 minutes de préparation
10 minutes de cuisson

10 cl d'eau
50 g de lait en poudre
400 g de purée de châtaignes
20 g de beurre
2 cuillers à soupe de crème fraîche épaisse
1 pincée de sel
Poivre du moulin
1 cuiller à soupe de sucre en poudre

Faites chauffer l'eau dans une casserole.
Ajoutez le lait en poudre et mélangez.
Baissez le feu et versez la purée de châtaignes
cuillerée par cuillerée jusqu'à ce qu'elle absorbe
le lait. Ajoutez le beurre et la crème. Salez,
poivrez, versez le sucre en poudre et mélangez.
Couvrez et laissez chauffer doucement pendant
5 à 8 minutes.

Fromage blanc aux herbes

Pour 4 personnes
10 minutes de préparation

500 g de fromage blanc frais
2 cuillers à soupe de persil haché
2 cuillers à soupe de cerfeuil haché
1 cuiller à soupe d'estragon haché
1 échalote hachée
1 cuiller à soupe d'huile d'olive
1/2 cuiller à soupe de vinaigre (de cidre
de préférence)
Sel et poivre du moulin

Versez le fromage blanc dans un saladier.
Ajoutez le persil, le cerfeuil, l'estragon et
l'échalote hachés. Mélangez puis versez l'huile
d'olive et le vinaigre. Salez et poivrez.
Servez le fromage frais aux herbes à température
ambiante en hiver et frais à la belle saison,
accompagné d'une baguette bien croustillante
ou d'une épaisse tranche de pain de seigle.

Conseil • Préparez cette recette à l'avance afin
de laisser le temps aux herbes et aux aromates
de développer leurs parfums.

grasse mat

Vive la flemme, les paresses gourmandes, la bête à deux dos, les lits défaits, un livre posé sur la moquette, la Rimb et des récits de voyage… Oh, mes petites amoureuses que je vous hais ! Et ces petits plats délicieux savourés à même le plat, crème renversée, crème d'orge… Juste après l'amour, un thé au lait aux épices. Et on fait quoi maintenant ? Un brunch blanc !

Bol de céréales au lait et aux fruits secs

Pour 2 personnes
5 minutes de préparation

4 pruneaux
4 abricots secs
60 g de céréales pour petit déjeuner
Lait
1 cuiller à soupe de dés de papaye séchée
1 cuiller à soupe de noisettes fraîchement hachées
2 cuillers à soupe de crème fraîche épaisse

Fendez les pruneaux et ôtez les noyaux.
Découpez les pruneaux et les abricots secs
en lanières.
Versez les céréales dans 2 bols. Couvrez de lait
froid. Ajoutez les pruneaux, les abricots et
les dés de papaye. Saupoudrez de noisettes
hachées, déposez 1 cuiller à soupe de crème
fraîche et savourez immédiatement.

Müesli maison

Müesli aux céréales et au miel

dans un bâillement

Müesli maison

Pour 2 personnes
10 minutes de préparation
1 nuit de repos

50 g de flocons de céréales (blé, orge ou avoine)
2 pommes
50 g de fruits de saison (fraises, abricots, figues, orange...)
1 cuiller à soupe de noix ou de noisettes fraîchement hachées
4 cuillers à soupe de miel
1 cuiller à café de graines de sésame
Lait

Versez les flocons de céréales dans un grand bol, couvrez-les d'eau et laissez-les gonfler au frais toute une nuit.
Lavez et râpez les pommes. Lavez les autres fruits et découpez-les en petits dés.
Mélangez les flocons de céréales, les pommes râpées, les dés de fruits frais et les noix hachées. Ajoutez le miel et les graines de sésame. Versez un peu de lait, mélangez et servez.

Müesli aux céréales et au miel

Pour 2 personnes
5 minutes de préparation
1 nuit de repos

50 g de mélange de flocons de céréales (blé, orge, avoine)
Lait
4 cuillers à soupe de miel
1 pincée de cannelle en poudre
2 cuillers à soupe de raisins secs

Versez les flocons de céréales dans un bol et couvrez-les d'eau. Laissez reposer au frais pendant la nuit.
Versez un peu de lait sur les céréales puis ajoutez le miel. Saupoudrez d'une pincée de cannelle en poudre, ajoutez les raisins secs puis mélangez et servez.

Corn-flakes juste comme ça

Pour 2 personnes
1 minute de préparation

Lait frais
2 bols de corn-flakes
Cassonade en poudre ou sucre muscovado

Versez le lait froid sur les corn-flakes, saupoudrez d'un peu de sucre et dégustez.

Corn-flakes au yaourt

Pour 2 personnes
5 minutes de préparation

60 g de corn-flakes
2 yaourts
Le jus de 2 oranges pressées
1 cuiller à soupe de cassonade en poudre

Répartissez les corn-flakes dans deux bols. Versez les yaourts et le jus d'orange dans un grand bol et mélangez. Couvrez les corn-flakes de cette préparation. Saupoudrez de sucre cassonade et dégustez.

Corn-flakes juste comme ça

Petits-suisses à l'orange

Pour 2 personnes
5 minutes de préparation

4 petits-suisses
2 cuillers à soupe de sucre en poudre
2 cuillers à soupe de lait
2 oranges

Versez les petits-suisses dans un grand bol.
Ajoutez le sucre en poudre et mélangez. Versez le
lait et fouettez pour rendre le mélange crémeux.
Épluchez les oranges à vif. Découpez la première
orange en quartiers et la seconde en petits dés.
Incorporez les dés d'oranges dans les petits-
suisses. Versez dans 2 coupelles et disposez
des quartiers d'oranges sur le dessus.
Servez frais.

Yaourt au miel

Pour 2 personnes
1 minute de préparation

2 cuillers à soupe de miel toutes fleurs
2 yaourts crémeux, type yaourt grec

Versez le miel sur les yaourts et mélangez.

Porridge à la vanille

Pour 2 personnes
5 minutes de préparation
4 minutes de cuisson

40 cl de lait
1 sachet de sucre vanillé
1 pincée de sel
4 cuillers à soupe de flocons d'avoine précuits
10 g de beurre
Cassonade en poudre
10 cl de lait froid ou de crème fraîche liquide

Versez le lait dans une casserole à fond épais.
Ajoutez le sucre vanillé, une pincée de sel puis
portez à ébullition. Versez les flocons d'avoine en
pluie. Laissez cuire environ 2 minutes à feu vif
tout en remuant avec une cuiller.
Versez dans de petits bols. Déposez une noisette
de beurre dans chaque bol et saupoudrez d'un
peu de cassonade. Servez avec du lait ou de la
crème très froide. Ajoutez des fruits frais comme
des myrtilles, si vous en avez.

Fjord aux fruits frais

Pour 2 personnes
5 minutes de préparation

2 abricots bien mûrs
1 pêche bien mûre
2 pots de Fjord ou de fromage frais crémeux
d'environ 125 g chacun
1 sachet de sucre vanillé

Lavez et essuyez les fruits. Coupez-les en deux et
ôtez les noyaux. Découpez-les en petits morceaux.
Versez le fromage frais dans un grand bol, ajoutez
le sachet de sucre vanillé et mélangez.
Disposez le fromage sucré dans 2 petits bols.
Ajoutez les morceaux de fruits frais et servez.

Crème renversée

Pour 2 à 4 personnes
5 minutes de préparation
30 minutes de cuisson

1 moule à flan anti-adhésif ou à fond amovible

100 g de sucre en poudre
50 cl de lait
1 sachet de sucre vanillé
4 œufs

Pour le caramel :
4 cuillers à soupe de sucre en poudre
2 cuillers à soupe d'eau

Préchauffez le four à 150 °C (thermostat 5).
Remplissez un grand plat creux aux deux tiers
d'eau chaude et placez-le dans le four.
Versez 4 cuillers à soupe de sucre en poudre et
2 cuillers à soupe d'eau dans une petite casserole
à fond épais. Faites chauffer jusqu'à ce que
le mélange se change en caramel doré.
Versez dans le moule. Faites tourner le moule
sur lui-même pour que le caramel se répande
sur tout le fond du moule à flan.
Versez le lait, le sucre en poudre et le sachet
de sucre vanillé dans une casserole à fond épais
et portez à ébullition. Retirez aussitôt du feu
et laissez tiédir.
Cassez les œufs dans un saladier et battez-les
avec une fourchette. Versez peu à peu le lait
chaud sans cesser de mélanger.
Versez le tout dans le moule caramélisé et placez
au bain-marie. Laissez cuire environ 30 minutes.
Laissez refroidir avant de démouler.

juste après l'amour

Cappuccino

Pour 2 personnes
5 minutes de préparation
3 minutes de cuisson

2 cuillers à soupe de café mouture spéciale
expresso
20 cl de lait
2 pincées de cacao en poudre

Préparez 2 grandes tasses de café expresso.
Faites tiédir le lait dans une casserole puis faites-le
mousser abondamment avec un petit fouet.
Versez aussitôt le lait mousseux dans les tasses
de café en prenant soin de verser le lait avant
la mousse. Aidez-vous d'une petite cuiller.
Saupoudrez d'une pincée de cacao en poudre
et dégustez.

Thé au lait épicé

Pour 2 personnes
5 minutes de préparation
10 minutes de cuisson

50 cl d'eau minérale
8 gousses de cardamome
2 clous de girofle
1 morceau de bâton de cannelle de 3 cm de long
20 cl de lait
6 cuillers à café de sucre en poudre
3 cuillers à café de feuilles de thé noir

Versez l'eau dans une casserole. Ajoutez les
gousses de cardamome, les clous de girofle
et le bâton de cannelle. Portez à ébullition.
Couvrez et laissez frémir à feu doux pendant
5 minutes. Ajoutez le lait, le sucre en poudre
et portez au frémissement.
Ôtez aussitôt la casserole du feu et versez
les feuilles de thé. Couvrez, laissez infuser
2 à 3 minutes puis filtrez avant de servir.

Café viennois

Pour 2 personnes
5 minutes de préparation
3 minutes de cuisson

5 cl de crème fraîche liquide
1 pincée de cannelle en poudre
20 cl de lait
2 tasses de café
Cassonade en poudre

Versez la crème fraîche liquide dans un bol,
ajoutez la pincée de cannelle en poudre et
mélangez. Fouettez la crème jusqu'à ce qu'elle
prenne un peu de volume.
Faites chauffer le lait doucement dans une petite
casserole. Versez le café chaud dans 2 grandes
tasses. Ajoutez le lait chaud et mélangez.
Sucrez à votre goût puis déposez 1 cuiller
de crème fouettée à la cannelle.

Orchata

Pour 2 personnes
5 minutes de préparation
5 minutes de cuisson

50 cl de lait
10 cl de crème fraîche liquide
1/2 cuiller à café d'extrait d'amande amère
2 cuillers à soupe de sucre en poudre

Versez le lait et la crème dans une casserole
et faites chauffer doucement en donnant un
ou deux tours de cuiller. Portez au frémissement
puis retirez la casserole du feu. Versez l'extrait
d'amande amère, ajoutez le sucre, remuez
et laissez tiédir.
Servez tiède ou glacé.

brunch blanc

Blinis

Pour 2 personnes
10 minutes de préparation
4 minutes de cuisson

100 g de farine
1 œuf entier
12 cl de lait
1 pincée de sel
2 blancs d'œufs
Beurre
Crème fraîche épaisse

Versez la farine dans un saladier. Ajoutez l'œuf,
mélangez, puis incorporez le lait.
Ajoutez une pincée de sel dans les blancs
et montez-les en neige avec le fouet de votre
batteur électrique.
Incorporez peu à peu les blancs en neige
à la pâte.
Huilez légèrement une poêle à blinis et déposez-y
une petite louche de pâte. Laissez cuire environ
2 minutes à feu doux de chaque côté. Poursuivez
la cuisson des autres blinis.
Servez aussitôt avec de la crème fraîche épaisse.

Soupe glacée au yaourt et à la menthe

Pour 2 personnes
10 minutes de préparation

1 petit concombre
50 cl de yaourt liquide
2 cuillers à soupe de persil haché
2 cuillers à soupe de menthe fraîche hachée
Sel et poivre du moulin

Épluchez le concombre et découpez-le en petits
cubes. Versez le yaourt, les dés de concombre,
le persil et les feuilles de menthe dans un saladier.
Salez, poivrez et mélangez. Servez très frais.

Œufs brouillés au parmesan

Pour 2 personnes
5 minutes de préparation
5 minutes de cuisson

4 œufs
1 cuiller à soupe de lait
Sel
1 petite pincée de cannelle en poudre
Piment de Jamaïque
1/2 cuiller à soupe d'huile
5 g de beurre
50 g de parmesan râpé

Cassez les œufs dans un grand bol, versez
le lait et salez légèrement. Ajoutez une pincée
de cannelle en poudre et une pincée de piment
de Jamaïque moulu. Battez les œufs avec
une fourchette.
Faites chauffer l'huile et le beurre dans une poêle.
Versez les œufs battus et chauffez lentement tout
en remuant avec une spatule.
Dès qu'ils attachent au fond et sur les parois,
ramenez les œufs vers le centre de la poêle.
La consistance doit rester crémeuse.
Ôtez la poêle du feu, incorporez le parmesan râpé
et servez aussitôt.

Tartines grillées à la mozzarella

Pour 2 personnes
5 minutes de préparation
3 à 4 minutes de cuisson

2 morceaux de mozzarella de 125 g chacun
4 tranches de pain de campagne
1 pot de pâte de tomates séchées à l'huile
Poivre du moulin

Préchauffez le four à 210 °C (thermostat 7)
en position gril. Découpez les morceaux
de mozzarella en tranches épaisses.
Tartinez chaque tranche de pain d'une fine
couche de pâte de tomates séchées.
Déposez les tranches de mozzarella, poivrez
et placez les tartines sous le gril 3 à 4 minutes
environ. Attendez que la mozzarella fonde et
que le pain soit légèrement doré sur les côtés
avant de déguster.

plateau tv

L'ennui comme un miroir gourmand ! Plaisir solitaire : tapioca à la noix de coco, semoule au lait et au citron… Pas vu pas pris, vite, on satisfait toutes ses envies ! Tartine de lait concentré, confiture de lait, perles de coco…
Puis cuiller à deux, en amoureux, salive et fous rires mêlés, souvenirs de vacances, mousse vaporetto au mascarpone, tiramisú un-pour-deux, télochadeu, c'est encore mieux !

pas vu pas pris !

Tartine de lait concentré

Pour 1 tartine
3 minutes de préparation

1/4 de baguette fraîche
1 tube de lait concentré sucré

Découpez la baguette dans le sens de la longueur.
Ôtez la mie et nappez la tartine d'une couche
de lait concentré.

Tartine de confiture de lait

Pour 1 tartine
1 minute de préparation

1 tranche de pain de campagne un peu épaisse
1 pot de confiture de lait (voir recette page 20)

Nappez la tranche de pain de campagne d'une
généreuse couche de confiture de lait.

Boules de coco

Pour 4 personnes
5 minutes de préparation
15 minutes de refroidissement

125 g de noix de coco râpée
4 cuillers à soupe de lait concentré sucré

Versez la noix de coco râpée et le lait concentré
sucré dans un saladier. Mélangez avec une cuiller
puis formez des petites boules de taille régulière.
Déposez-les au congélateur pendant 15 minutes.
Roulez-les rapidement dans le reste de noix de
coco râpée. Dégustez très froid.

Boules de coco

Semoule au citron

Semoule au lait de soja

vive l'ennui

Semoule au citron

Pour 2 personnes
5 minutes de préparation
8 minutes de cuisson

Le zeste d'1/2 citron non traité
50 cl de lait
80 g de semoule fine
30 g d'amandes en poudre
3 cuillers à soupe de sucre en poudre

Râpez finement le zeste du demi-citron.
Faites chauffer le lait dans une casserole à fond épais. Dès les premiers bouillons, versez la semoule en pluie tout en remuant avec une cuiller. Ajoutez les amandes en poudre et le zeste de citron râpé, mélangez et laissez cuire environ 8 minutes. Remuez régulièrement pour éviter que la semoule n'attache au fond de la casserole et que des grumeaux ne se forment.
Ôtez la casserole du feu, ajoutez le sucre en poudre, remuez bien et versez dans deux coupelles.
Servez tiède ou froid.

Semoule au lait de soja

Pour 2 personnes
5 minutes de préparation
8 minutes de cuisson

50 cl de lait de soja
80 g de semoule fine
2 sachets de sucre vanillé

Faites chauffer le lait de soja dans une casserole à fond épais. Dès les premiers bouillons, versez la semoule en pluie tout en remuant avec une cuiller. Laissez cuire environ 8 minutes.
Remuez régulièrement afin d'éviter que la semoule n'attache au fond de la casserole et que des grumeaux ne se forment.
Ôtez la casserole du feu, ajoutez le sucre vanillé, mélangez et versez dans des petits bols.
À savourer tiède ou froid.

Tapioca à la vanille

Pour 1 ou 2 personnes
5 minutes de préparation
5 minutes de cuisson

40 cl de lait
2 cuillers à soupe de tapioca
1 sachet de sucre vanillé
1 cuiller à soupe de sucre en poudre

Portez le lait à ébullition dans une casserole à fond épais. Versez le tapioca en pluie tout en mélangeant avec une cuiller. Laissez cuire environ 4 minutes à petit feu. Incorporez le sucre vanillé et le sucre en poudre puis mélangez. Versez dans un bol et laissez tiédir.
Dégustez tiède ou froid.

Tapioca à la noix de coco

Pour 1 ou 2 personnes
5 minutes de préparation
5 minutes de cuisson

40 cl de lait
2 cuillers à soupe de tapioca
2 cuillers à soupe de cassonade en poudre
2 cuillers à soupe de noix de coco râpée

Portez le lait à ébullition dans une casserole à fond épais. Versez le tapioca en pluie tout en mélangeant avec une cuiller. Laissez cuire environ 4 minutes à petit feu. Incorporez le sucre cassonade et la noix de coco râpée puis mélangez. Versez dans un bol et laissez tiédir.

Tapioca à la vanille

Risotto blanc

Pour 2 personnes
5 minutes de préparation
25 minutes de cuisson

20 g de beurre
100 g de riz rond Arborio
5 cl de vin blanc
25 cl de bouillon de volaille
25 cl de lait de coco
12 petites crevettes cuites
Quelques brins de citronnelle finement émincés
1/2 pamplemousse émincé et coupé en dés
Sel et poivre du moulin
20 g de parmesan râpé

Faites fondre 10 grammes de beurre dans une
casserole à fond épais et versez le riz. Laissez
dorer quelques instants puis arrosez de vin blanc.
Laissez le riz absorber le vin blanc puis versez un
peu de bouillon. Attendez que le riz ait absorbé
le liquide puis versez de nouveau 3 ou 4 cuillers
à soupe de bouillon. Versez ensuite la totalité du
bouillon de volaille. Continuez de la même façon
en versant progressivement le lait de coco.
Couvrez et laissez cuire le riz à feu doux.
Égouttez les crevettes. Faites fondre 10 grammes
de beurre dans une poêle anti-adhésive et versez
les brins de citronnelle et les dés de pamplemousse.
Laissez-les revenir 2 minutes puis ajoutez les
crevettes et laissez cuire à feu doux 2 ou
3 minutes de plus.
Ajoutez les crevettes et le pamplemousse à votre
risotto.
Salez, poivrez, ajoutez le parmesan râpé
et mélangez. Servez dès que le risotto est bien
onctueux.

Lotte aux copeaux de parmesan

Pour 2 personnes
10 minutes de préparation
25 minutes de cuisson

2 tranches de queue de lotte
50 g de parmesan râpé en copeaux

Pour le court-bouillon :
50 cl d'eau
15 cl de vin blanc sec
1 petit bouquet garni (persil, thym, laurier)
1 rondelle de citron
Fleur de sel
Piment de Jamaïque

Faites chauffer doucement l'eau, le vin blanc,
le bouquet garni et la rondelle de citron.
Laissez frémir à couvert pendant 15 minutes.
Pendant ce temps, préchauffez le four
en position gril.
Plongez les tranches de lotte et laissez-les pocher
environ 5 minutes dans le court-bouillon.
Retirez-les et égouttez-les soigneusement. Donnez
un tour de piment de Jamaïque puis déposez
quelques grains de fleur de sel sur chaque tranche
de lotte.
Déposez-les sur un plat allant au four. Parsemez
de copeaux de parmesan. Placez les tranches
de lotte 1 minute sous le gril et servez aussitôt.

Noix de Saint-Jacques au safran

Pour 2 personnes
5 minutes de préparation
12 minutes de cuisson

10 cl de crème fraîche liquide
10 cl de yaourt crémeux, type yaourt grec
3 filaments de safran
Huile d'olive
6 noix de Saint-Jacques
Beurre

Faites chauffer doucement la crème fraîche liquide et le yaourt dans une casserole à fond épais. Déposez les filaments de safran.
Dès frémissement, retirez du feu, couvrez et laissez infuser 5 minutes environ.
Faites chauffer un peu d'huile d'olive dans une poêle anti-adhésive. Salez et poivrez très légèrement les noix de Saint-Jacques. Déposez-les dans la poêle fumante. Dès qu'elles commencent à blondir, retournez-les et ajoutez une noisette de beurre. Laissez-les se colorer tout en les arrosant de sauce. Après environ 5 minutes de cuisson, égouttez et réservez au chaud.
Servez les noix de Saint-Jacques sur un lit de sauce au safran.

Cheese cake aux spéculos

Panacotta

Cheese cake aux spéculos

15 minutes de préparation
35 minutes de cuisson
1 heure de refroidissement

1 moule rond à bords hauts d'environ 24 cm
de diamètre, à charnières si possible
car plus facile à utiliser pour démouler

200 g de spéculos
60 g de dés de beurre + 10 g
600 g de fromage blanc
20 cl de crème fraîche épaisse
Sucre en poudre
2 sachets de sucre vanillé
1 pincée de cannelle
1 pincée de sel
3 œufs
1 cuiller à soupe de sirop d'érable

Préchauffez le four à 150 °C (thermostat 5).
Broyez les biscuits secs dans le bol de votre
mixeur. Versez les miettes dans un saladier.
Déposez les dés de beurre dans une petite
casserole à fond épais et faites-les fondre.
Versez le beurre fondu sur les biscuits émiettés
et mélangez.
Déposez une couche de biscuits et de beurre
fondu au fond du moule. Tassez avec la paume
de la main.
Versez le fromage blanc et la crème fraîche
dans un saladier et fouettez. Ajoutez le sucre en
poudre, les sachets de sucre vanillé, la pincée de
cannelle en poudre et la pincée de sel sans cesser
de fouetter. Ajoutez un à un les œufs et la cuiller
à soupe de sirop d'érable tout en continuant
de mélanger. Versez dans le moule et placez
au four pendant environ 35 minutes.
À la sortie du four, attendez 5 minutes avant
de décoller les bords en passant une lame
de couteau entre le gâteau et le moule.
Laissez refroidir, démoulez et placez environ
1 heure au réfrigérateur avant de servir.

Panacotta

Pour 4 personnes
10 minutes de préparation
5 minutes de cuisson
3 heures de refroidissement

2 feuilles de gélatine
25 cl de crème fraîche liquide
25 cl de lait
1 gousse de vanille
70 g de sucre en poudre

Déposez une à une les feuilles de gélatine dans
un bol d'eau froide. Versez la crème liquide et
le lait dans une casserole à fond épais. Fendez
la gousse de vanille dans le sens de la longueur
et grattez l'intérieur pour récupérer les graines.
Déposez-les graines et la gousse dans le mélange
crème-lait. Ajoutez le sucre et mélangez.
Portez au frémissement puis retirez du feu.
Couvrez et laissez infuser 5 minutes.
Ôtez la gousse de vanille. Égouttez les feuilles
de gélatine et déposez-les dans la crème tiède
tout en mélangeant jusqu'à ce qu'elles fondent.
Versez dans des verres et placez au frais pendant
3 heures.

Mousse vaporetto au mascarpone

Pour 2 personnes
5 minutes de préparation

200 g de mascarpone
1 cuiller à soupe de miel d'acacia
4 à 5 capsules de cardamome
10 cl de crème fraîche liquide

Versez le mascarpone et le miel dans un grand bol
et fouettez rapidement.
Ouvrez les capsules de cardamome et récupérez
soigneusement les graines. Déposez-les dans
le petit bol de votre mixeur et réduisez-les
en poudre.
Versez la crème fraîche liquide très froide dans
un saladier, ajoutez une pointe de cardamome
moulue et fouettez en crème Chantilly avec
votre batteur électrique.
Incorporez la crème Chantilly dans le mascarpone
fouetté.
Déposez la mousse vaporetto dans 2 petits bols
et servez très frais.

Mousse vaporetto au mascarpone

Crème souvenir du Brésil

Riz au lait comme à Venise

Crème souvenir du Brésil

Pour 2 personnes
10 minutes de préparation
3 minutes de cuisson
1 heure de refroidissement

2 petits moules individuels transparents

10 cl d'eau
2 feuilles de gélatine
20 cl de lait concentré sucré
10 cl de jus de papaye
10 cl de jus de fruit de la passion

Versez l'eau dans un bol et déposez les feuilles
de gélatine. Laissez-les ramollir 5 à 10 minutes.
Versez la préparation dans une casserole et portez
à ébullition. Retirez du feu et couvrez.
Battez rapidement le lait concentré et les deux jus
de fruits à l'aide d'un fouet. Mélangez à la
gélatine. Versez la préparation dans les moules
puis placez-les au réfrigérateur jusqu'à ce que la
mousse soit bien ferme.
Dégustez très frais avec quelques fruits exotiques.

Riz au lait comme à Venise

Pour 2 personnes
5 minutes de préparation
1 heure de cuisson

80 g de riz rond
50 cl de lait
3 filaments de safran
50 g de sucre en poudre
2 cuillers à soupe d'amandes effilées
20 g de beurre

Rincez rapidement le riz puis égouttez-le.
Remplissez une casserole d'eau et portez
à ébullition. Versez le riz et laissez cuire
à petits bouillons 3 à 5 minutes. Égouttez.
Versez le lait et le safran dans une grande
casserole à fond épais. Portez à ébullition puis
ajoutez le riz. Couvrez la casserole et laissez cuire
à feu très doux pendant 45 minutes environ.
Remuez de temps en temps pour éviter que
le fond n'attache.
Ajoutez le sucre en poudre et les amandes,
mélangez rapidement, incorporez les dés de
beurre, couvrez puis laissez cuire 2 à 3 minutes
de plus à feu doux.
Versez le riz au lait dans les bols, ôtez le safran
et laissez refroidir. Placez au frais et servez glacé
à moins que vous ne préfériez le déguster tiède.

Couscous sucré au lait et aux fruits secs

Pour 2 personnes
5 minutes de préparation
5 minutes de cuisson

5 dattes
1 verre de lait
1 pincée de sel
1 pincée de cannelle en poudre
1 verre de couscous fin précuit
1 noisette de beurre
Quelques amandes émondées
1 poignée de raisins secs

Incisez les dattes dans la longueur, ôtez les
noyaux puis découpez leur chair en lamelles.
Faites chauffer le verre de lait dans une petite
casserole à fond épais. Retirez du feu, versez
la pincée de sel, la cannelle en poudre et ajoutez
les graines de couscous. Remuez et laissez gonfler
3 minutes en couvrant.
Ajoutez la noisette de beurre, les dattes,
les amandes et les raisins secs. Faites chauffer
à feu très doux pendant 3 à 4 minutes tout
en égrenant le couscous avec une fourchette.
Servez aussitôt avec un verre de lait ou un thé.

Couscous sucré au lait et aux fruits secs

Crème catalane

Pour 2 à 4 personnes
5 minutes de préparation
12 minutes de cuisson

75 cl de lait
Le zeste râpé d'un citron non traité
1/2 bâton de cannelle
6 œufs
1 cuiller à soupe de Maïzena
180 g de sucre en poudre

Versez 50 centilitres de lait dans une casserole.
Ajoutez le zeste de citron râpé et le demi-bâton
de cannelle. Portez à ébullition et retirez aussitôt
du feu. Couvrez et laissez infuser.
Cassez les œufs dans un saladier et fouettez
rapidement.
Délayez la Maïzena dans le reste du lait.
Versez le mélange et les œufs dans le saladier.
Fouettez et incorporez le sucre en poudre.
Replacez la casserole de lait à feu doux.
Versez peu à peu le contenu du saladier dans
la casserole sans cesser de mélanger.
Lorsque la crème a épaissi, ôtez la cannelle de
la crème. Versez dans des petits moules, laissez
refroidir puis mettez au frais.
Au moment de servir, vous pouvez saupoudrer
1 cuiller à soupe de sucre en poudre sur chaque
crème et les passer 3 minutes sous le grill.

Tiramisu
« un pour deux »

Pour 2 personnes
15 minutes de préparation
6 heures de refroidissement

1 plat à gratin d'environ 26 cm de long

3 œufs extra-frais
50 g de sucre en poudre
2 sachets de sucre vanillé
1 pincée de sel
300 g de mascarpone
30 cl de café
2 cuillers à soupe de rhum
40 biscuits à la cuiller
Cacao en poudre

Cassez les œufs. Séparez les blancs des jaunes
dans 2 saladiers distincts.
Ajoutez le sucre en poudre et les sachets de sucre
vanillé aux jaunes et fouettez avec votre batteur
jusqu'à ce que le mélange blanchisse.
Ajoutez une petite pincée de sel dans les blancs
d'œufs et montez les blancs en neige ferme
avec le batteur électrique.
Versez le mascarpone dans un bol et fouettez-le
avec une fourchette pour l'aérer.
Incorporez peu à peu le mascarpone fouetté
puis les blancs en neige au mélange d'œufs
et de sucre.
Versez le café et le rhum dans une assiette creuse
et trempez rapidement la moitié des biscuits
à la cuiller. Rangez-les dans le fond du plat puis
recouvrez-les d'une couche de crème au
mascarpone. Trempez le reste de biscuits dans
le café et disposez-les sur la crème en couche
régulière. Enfin, nappez les biscuits de crème.
Couvrez de film alimentaire et placez au
réfrigérateur pendant environ 6 heures.
Servez très frais.
Au moment de servir, saupoudrez d'un peu
de cacao en utilisant une petite passoire.

l'enfer blanc
(mes péchés capitaux)

Mes chers petits péchés capitaux, capiteux et capricieux ! Délices et gourmandises. Chantilly, Fontainebleau… desserts de roi. Colère, mensonge, paresse, luxure… Une vie entière de menus plaisirs, quel bonheur quand tout est si lait !

Mont-blanc

l'orgueil

Coupe givrée

Pour 2 personnes
10 minutes de préparation

1 shaker ou 1 mixeur
2 grands verres hauts et étroits

2 boules de glace au citron vert
2 boules de glace à l'ananas
2 boules de sorbet au gingembre
Glace pilée
2 cl de jus de citron vert
8 cl de vodka
4 cl de jus d'ananas

Déposez dans chaque verre 1 boule de sorbet
au citron vert, 1 boule de sorbet à l'ananas
et 1 boule de sorbet au gingembre.
Placez de la glace pilée dans le shaker. Ajoutez
le jus de citron vert, la vodka et le jus d'ananas.
Agitez vigoureusement.
Remplissez les verres et servez aussitôt.

Mont-Blanc

Pour 4 personnes
10 minutes de préparation

4 coupelles à pied

8 à 12 petites meringues nature
25 cl de crème fraîche liquide
2 cuillers à soupe de sucre glace
400 g de purée de marrons sucrée et vanillée

Émiettez les meringues et répartissez-les dans
les coupelles.
Sortez la crème fraîche du réfrigérateur au dernier
moment et versez-la dans un grand bol.
Fouettez-la d'abord doucement à l'aide de votre
batteur électrique puis augmentez la vitesse au
fur et à mesure qu'elle prend du volume. Ajoutez
le sucre glace et mélangez rapidement.
Couvrez le fond de meringue de purée
de marrons puis confectionnez des petits dômes
de crème Chantilly. Servez aussitôt.

Soufflé à la vanille

Pour 4 personnes
25 minutes de préparation
30 minutes de cuisson

1 moule à soufflé d'environ 20 cm de diamètre

10 g de beurre
110 g de sucre en poudre
25 cl de lait
2 œufs entiers
15 g de Maïzena
1 cuiller à café d'extrait de vanille
4 blancs d'œufs
1 pincée de sel
Sucre glace

Préchauffez le four à 180 °C (thermostat 6).
Beurrez le moule et saupoudrez les parois de
sucre en poudre.
Versez le lait dans une casserole et faites chauffer
doucement.
Dans un saladier, cassez les 2 œufs, ajoutez
80 grammes de sucre en poudre et mélangez
bien. Incorporez la Maïzena et la vanille liquide.
Versez le lait chaud sur le mélange tout
en remuant.
Versez dans une casserole et faites cuire à feu
doux tout en mélangeant. Lorsque la préparation
a épaissi, retirez du feu et laissez refroidir.
Versez les blancs d'œufs dans un saladier, ajoutez
la pincée de sel et montez-les en neige au batteur
électrique. Ajoutez 20 grammes de sucre en
poudre et fouettez de nouveau.
Incorporez peu à peu les blancs en neige en vous
aidant d'une spatule. Garnissez le moule beurré
et placez au four pendant 30 minutes environ.
Saupoudrez la surface de sucre glace.
Servez chaud.

Fruits frais au lait meringué

la convoitise

Fontainebleaux à la chantilly

Pour 4 personnes
10 minutes de préparation
1 nuit de refroidissement

4 petits pots à faisselle à trous
1 mousseline

30 cl de crème fraîche liquide très froide
30 g de sucre glace
350 g de fromage blanc lisse
à 40 % de matière grasse

Pour la chantilly :
15 cl de crème fraîche liquide
30 g de sucre glace

Versez 30 centilitres de crème fraîche liquide dans un grand bol, ajoutez le sucre glace et fouettez. Incorporez peu à peu le fromage blanc. Disposez un carré de mousseline dans chaque moule. Garnissez de mélange crémeux, repliez la mousseline et placez au frais pendant une nuit. Versez 15 centilitres de crème fraîche liquide bien froide dans un saladier glacé. Fouettez la crème à l'aide de votre fouet électrique. Lorsqu'elle est mousseuse et tient au fouet, versez le sucre glace en pluie tout en mélangeant avec une spatule. Servez les fontainebleaux avec la chantilly « à volonté ».

Conseil • Le tissu mousseline est recommandé mais pas indispensable.

Cocktail de fruits frais au lait meringué

Pour 2 à 4 personnes
5 minutes de préparation

4 abricots bien mûrs
1 mangue
25 cl de lait
1 meringue d'environ 30 g

Lavez et essuyez les abricots. Coupez-les en deux et ôtez les noyaux. Épluchez la mangue et découpez la chair en morceaux. Versez les fruits dans le bol du mixeur et broyez-les pour obtenir une pulpe épaisse. Versez dans 4 grands verres. Versez le lait et la meringue émiettée dans le bol de votre mixeur et réduisez finement. Répartissez la préparation dans les verres contenant la pulpe de fruits.
Servez frais.

Pommes poêlées au lait chaud et au miel

Pour 2 personnes
10 minutes de préparation
15 minutes de cuisson

3 belles pommes
20 g de beurre demi-sel
1 pincée de cannelle en poudre
20 cl de lait
2 cuillers à soupe de miel toutes fleurs

Épluchez les pommes, coupez-les en quartiers, ôtez le cœur et les pépins. Découpez-les en tranches assez épaisses.
Faites fondre le beurre dans une poêle et mettez les tranches de pommes à dorer environ 15 minutes. Elles doivent être moelleuses à cœur. Saupoudrez d'une pincée de cannelle.
Dans une petite casserole, faites chauffer à feu doux le lait et le miel.
Déposez les pommes poêlées dans 2 bols, couvrez de lait chaud au miel et servez.

Fruits exotiques à la crème fouettée

la colère

Fruits exotiques à la crème fouettée

Pour 4 personnes
30 minutes de préparation
20 minutes de refroidissement

4 grands verres transparents

4 bananes
4 fruits de la passion
4 kiwis
25 cl de crème fraîche liquide
50 g de sucre glace

Épluchez les bananes et découpez-les en rondelles. Coupez les fruits de la passion en deux et récupérez la pulpe. Déposez les fruits dans le bol de votre mixeur.
Mixez en purée et réservez au réfrigérateur pendant 20 minutes.
Épluchez les kiwis, coupez-les en rondelles puis mixez-les finement.
Versez la crème liquide bien froide dans un saladier et fouettez vivement à l'aide d'un fouet électrique. Ajoutez le sucre glace en pluie dès que la crème a pris du volume. Mélangez rapidement. Incorporez la purée de bananes et de fruits de la passion. Versez la purée de kiwis dans le fond des verres. Ajoutez une couche de crème fouettée à la banane et aux fruits de la passion.
Servez très frais.

Banane frappée

Pour 2 personnes
5 minutes de préparation

1 banane
2 boules de glace à la vanille
12 cl de lait frais
1 cuiller à soupe de rhum

Épluchez la banane, coupez-la en rondelles et placez-la dans le bol du mixeur avec la glace, le lait et le rhum. Mixez le tout et versez dans 2 verres.

Soupe au lait

Pour 4 personnes
5 minutes de préparation
15 minutes de cuisson

1 oignon
1 cœur de céleri en boîte au naturel
20 g de beurre
Huile
50 cl de lait
1 cuiller à soupe de miel
Poivre du moulin
2 pincées de sel

Épluchez l'oignon. Rincez et égouttez le cœur de céleri. Hachez très finement ces deux ingrédients. Faites fondre une noisette de beurre dans une cocotte et ajoutez un peu d'huile. Quand le mélange est bien chaud, versez l'oignon et le cœur de céleri hachés. Laissez cuire doucement environ 8 minutes. Versez le lait et le miel puis couvrez la cocotte. Laissez frémir pendant 10 à 12 minutes. Poivrez généreusement, salez et servez très chaud avec une tranche de pain de campagne grillée.

le mensonge

Lait d'avoine à la vanille

Pour 2 personnes
5 minutes de préparation
2 minutes de cuisson

30 cl de lait d'avoine
1 cuiller à soupe de cassonade en poudre
1/2 cuiller à café de vanille liquide

Faites chauffer doucement le lait d'avoine,
le sucre cassonade et la vanille liquide dans
une casserole. Versez le liquide dans 2 verres
et laissez tiédir.

Lait de soja chaud

Pour 2 personnes
5 minutes de préparation
2 minutes de cuisson

30 cl de lait de soja
1 grosse cuiller à soupe de cassonade en poudre

Faites doucement chauffer le lait de soja et
le sucre cassonade dans une casserole.
Versez dans 2 grands verres et servez tiède.

Lait de coco

Pour 4 personnes
25 minutes de préparation

1 noix de coco fraîche

Cassez la noix de coco en deux puis déposez-la
sur une plaque au four à 120 °C (thermostat 4)
pendant une quinzaine de minutes.
Détachez la chair de l'écorce en vous aidant
d'un couteau pointu. Ôtez la fine peau brune
puis détaillez la chair en petits morceaux.
Placez la noix de coco et 50 centilitres d'eau
froide dans le bol du mixeur. Mixez finement.
Filtrez le liquide avec une passoire fine. Versez
de nouveau 50 centilitres d'eau dans le bol
du mixeur et renouvelez l'opération.

Petits pots de crème à la noix de coco

la paresse

Petits pots de crème à la noix de coco

Pour 6 à 8 personnes
10 minutes de préparation
15 minutes de cuisson
1 nuit de refroidissement

6 à 8 petits ramequins
1 grand plat creux pour le bain-marie

40 cl de lait concentré non sucré
1 litre de lait
4 œufs
125 g de noix de coco râpée
120 g de sucre en poudre
2 sachets de sucre vanillé

Préchauffez le four à 180 °C (thermostat 6).
Remplissez le plat d'eau tiède aux 2/3 de
sa hauteur et mettez au four.
Versez le lait concentré, le lait et les œufs
dans un grand saladier. Fouettez. Ajoutez la noix
de coco râpée, le sucre en poudre et les sachets
de sucre vanillé. Mélangez bien puis versez
dans les petits moules. Dès que l'eau frémit
dans le bain-marie, déposez-les dans le plat.
Laissez cuire 12 à 15 minutes environ.
Vérifiez la cuisson puis laissez refroidir.
Couvrez les petits pots de film alimentaire
et placez-les une nuit au réfrigérateur.
Servez très frais.

Petits-suisses renversés

Pour 1 personne
5 minutes de préparation

2 petits-suisses
2 cuillers à soupe de lait
1 cuiller à soupe de cassonade en poudre

Sortez les petits-suisses du réfrigérateur au dernier
moment. Démoulez-les dans une assiette, nappez
de lait et couvrez de sucre cassonade.

Lait concentré à la petite cuiller

Pour 1 personne
1 minute de préparation

1 petite cuiller

1 tube de lait concentré

Dévissez le bouchon du lait concentré, versez
directement dans la petite cuiller et dégustez.
Si vous adorez le sucre, sortez le lait concentré
à l'avance et laissez-le tiédir à température
ambiante. Si vous préférez les sensations glacées,
placez-le au réfrigérateur ou quelques minutes
au congélateur.

la luxure

Glace à la fleur de lait

Pour 4 personnes
10 minutes de préparation
Quelques heures de refroidissement

1 sorbetière ou 1 bac en métal

90 g de sucre en poudre
25 cl d'eau
10 cl de fleur de lait ou de crème fraîche liquide
3 yaourts crémeux, type yaourt grec,
soit environ 450 g
Le jus d'1 citron

Dans une casserole, faites doucement chauffer
le sucre en poudre et l'eau. Lorsque le sucre
est complètement fondu, laissez tiédir.
Mélangez la fleur de lait, les yaourts et le jus
de citron puis ajoutez le sirop de sucre. Mélangez
de nouveau.
Versez votre préparation dans la sorbetière.
Si vous n'avez pas de sorbetière, vous pouvez
placer la crème dans un bac et le mettre
directement au congélateur : il faut alors remuer
régulièrement avec une fourchette jusqu'à ce
que la crème prenne la consistance d'une crème
glacée.

Note • La fleur de lait est l'un des jolis noms
donnés à la crème fraîche. Elle se dépose à la
surface du lait cru fraîchement tiré. Autrefois,
on laissait le lait reposer toute la nuit et on
recueillait la fleur de lait le matin.

Marquise blanche

Pour 1 verre

Des verres hauts et étroits, type flûtes à champagne

1 dizaine de cuillers à soupe de glace à la vanille
1 grosse meringue nature

Sortez la glace à la vanille du réfrigérateur une
dizaine de minutes avant de réaliser la recette.
Broyez finement la meringue.
Disposez une couche de meringue au fond
du verre. Disposez une couche de glace à la
vanille en appuyant légèrement pour que les
deux couches soient parfaitement superposées.
Alternez meringue et glace jusqu'en haut
du verre.
Servez lorsque la glace commence à fondre.

Note • Cette recette est une évocation des
dames ou marquises blanches, ces séduisantes
femmes fantômes qui hantaient les campagnes,
symboles de luxure et de plaisir.

Liqueur de lait

Pour 1 litre
10 minutes de préparation
2 semaines de repos

1 citron non traité
50 cl de lait
50 cl d'eau-de-vie
1 gousse de vanille
Sucre en poudre

Lavez le citron et découpez-le en rondelles.
Versez le lait et l'eau-de-vie dans une carafe.
Ajoutez les rondelles de citron et la gousse
de vanille. Laissez reposer environ 2 semaines
dans un endroit frais. Remuez le mélange
quotidiennement.
Filtrez avec une passoire. Ajoutez 2 cuillers
à soupe de sucre en poudre et servez frais.

annexes

table des recettes

Shopping & Art de la table :

Astier de Villatte : 173 rue Saint Honoré 75001 Paris, Tél. 01 42 60 74 13
Azag : 9 rue François Miron 75004 Paris, Tél. 01 48 04 08 18
Bodum : 99 rue de Rivoli 75001 Paris, Tél. 01 42 60 47 11
Chône : 60 rue Vieille du Temple 75003 Paris, Tél. 01 44 78 90 00
Cuisinophilie : 28 rue du Bourg Tibourg 75004 Paris, Tél. 01 40 29 07 32
Happy home : 76 rue François Miron 75004 Paris, Tél. 01 42 77 66 06
Home Autour du Monde : 8 rue des Francs Bourgeois 75004 Paris, Tél. 01 42 77 66 06
Ikea : www.ikea.fr, Tél. 08 25 379 379
Kitchen Bazaar : 23, bd de la Madeleine 75001 Paris, Tél. 01 42 60 50 30
La forge subtile : 3 rue Henry de Jouvenel 75006 Paris, Tél. 01 40 51 09 30
La Samaritaine : 19 rue de la Monnaie 75001 Paris, Tél. 01 40 41 20 20
Maison de famille : 29 rue Saint Sulpice 75006 Paris, Tél. 01 40 46 97 47
Muji : 47 rue des Francs Bourgeois 75004 Paris, Tél. 01 49 96 41 41
Résonances : www.resonances.fr
Tsé-Tsé à la Galerie Sentou 24 rue du Pont Louis-Philippe 75004 Paris, Tél. 01 42 71 00 01
Merci à : Magali Harivel et Gabriella Berglund

Merci à Laurence Recchia pour sa participation aux photos d'ambiance de ce livre.

© Marabout (Hachette Livre), 2003 pour la présente édition
Textes : Laurence et Gilles Laurendon.
Réalisation des recettes : Ilona Chovancova.
Shopping : Stéphanie Bey.
Photographies : Akiko Ida, Pierre javelle.
Lecture-correction : Antoine Pinchot et Véronique Dussidour

ISBN : 2501039734
Dépôt légal : n° 39500 / octobre 2003
EAN 9782501039734/02
Imprimé en Espagne par Graficas Estella
Edition 02